BEI GRIN MACHT SICH IHR WISSEN BEZAHLT

- Wir veröffentlichen Ihre Hausarbeit,
  Bachelor- und Masterarbeit

- Ihr eigenes eBook und Buch -
  weltweit in allen wichtigen Shops

- Verdienen Sie an jedem Verkauf

Jetzt bei www.GRIN.com hochladen
und kostenlos publizieren

Bibliografische Information der Deutschen Nationalbibliothek:

Die Deutsche Bibliothek verzeichnet diese Publikation in der Deutschen National-
bibliografie; detaillierte bibliografische Daten sind im Internet über http://dnb.d-
nb.de/ abrufbar.

Impressum:

Copyright © 2020 GRIN Verlag
Druck und Bindung: Books on Demand GmbH, Norderstedt Germany
ISBN: 9783346108036

Dieses Buch bei GRIN:

https://www.grin.com/document/520058

Andreas Schurr

Künstliche Intelligenz und die Auswirkungen neuer Endgeräte auf unseren Alltag unter dem Aspekt des ubiquitären Computing

GRIN Verlag

GRIN - Your knowledge has value

Der GRIN Verlag publiziert seit 1998 wissenschaftliche Arbeiten von Studenten, Hochschullehrern und anderen Akademikern als eBook und gedrucktes Buch. Die Verlagswebsite www.grin.com ist die ideale Plattform zur Veröffentlichung von Hausarbeiten, Abschlussarbeiten, wissenschaftlichen Aufsätzen, Dissertationen und Fachbüchern.

Besuchen Sie uns im Internet:

http://www.grin.com/

http://www.facebook.com/grincom

http://www.twitter.com/grin_com

FOM Hochschule für Oekonomie & Management Essen

Standort Stuttgart

Berufsbegleitender Studiengang zum
IT Management – Wirtschaftsinformatik

7. Semester

Seminararbeit in E-Business

KI und die Auswirkungen neuer Endgeräte auf unseren Alltag unter dem Aspekt des ubiquitären Computing

Autor: Andreas Schurr

Abgabedatum: 05.02.2020

Inhaltsverzeichnis

Abkürzungs- und Tabellenverzeichnis

Abkürzungen

KI	Künstliche Intelligenz
NFC	Near Field Communication
PARC	Palo Alto Research Center
RFID	Radio-Frequency Identification

Tabellen

1 Einleitung

Mit dem richtigen Einsatz von Künstlicher Intelligenz (KI) kann das Leben vieler Menschen verbessert werden.[1] Hierfür ist die Zusammenarbeit von Politik, Wirtschaft, Wissenschaft und der Gesellschaft elementar, um offene Fragen diskutieren sowie Chancen und Risiken der Technologie ergründen zu können.[2] Ebenso müssen bei der Forschung soziale, rechtliche sowie ethnische Aspekte berücksichtigt werden.[3] Dies ermöglicht die Vorhersage von Trends sowie die Bestimmung, welche Technik angewandt werden kann und soll – aber auch wo Grenzen gesetzt werden müssen.[4] Kernziel des Einsatzes von KI ist es Menschen zu unterstützen und nicht zu entfremden.[5]

1.1 Problemstellung

Die deutsche Bundesregierung publizierte im November 2018 eine Forschungsstrategie zum Technologiefeld Künstliche Intelligenz, nach welcher sie für die weitere Forschung an der KI bis 2025 insgesamt drei Milliarden Euro bereitstellt.[6] Die Strategie sieht zudem vor, Deutschland und Europa zu einem führenden Standort für die Entwicklung als auch Anwendung von künstlicher Intelligenz zu machen.[7] Zudem ist das Vertrauen der Deutschen gegenüber der Kommunikation und Interaktion mit Künstlichen Intelligenzen stetig wachsend.[8] Demnach stellt sich die Frage: „Welche Auswirkungen hat der Einsatz sowie die weitere Entwicklung künstlicher Intelligenzen mit der wachsenden Interaktionsbereitschaft mittels neuer Endgeräte auf unseren Alltag?"

---

[1] Vgl. Bundesministerium für Bildung und Forschung (2019), Künstliche Intelligenz,
https://www.bmbf.de/de/kuenstliche-intelligenz-5965.html
[2] Vgl. Ebd.
[3] Vgl. Ebd.
[4] Vgl. Ebd.
[5] Vgl. Ebd.
[6] Vg. Ebd.
[7] Vgl. Ebd.
[8] Vgl. Ebd.

1.2 Zielsetzung

Ziel der wissenschaftlichen Arbeit ist es, künstliche Intelligenz unter dem Aspekt des ubiquitären Computing hinsichtlich aktueller sowie zukünftiger Anwendungen zu erläutern und damit die Auswirkungen auf unseren Alltag zu beschreiben.

1.3 Vorgehensweise

Zur Beantwortung der in Kapitel 1.1 gestellten Forschungsfrage in die wissenschaftliche Arbeit in vier Hauptkapitel unterteilt.

In Kapitel 2 wird die Künstliche Intelligenz anhand einer Begriffsdefinition und deren Entwicklung näher vorgestellt. Hierbei wird auch näher auf den Begriff ubiquitäres Computing eingegangen. Kapitel 2 vermittelt damit für folgende Kapitel die Grundlagen.

Kapitel 3 widmet sich den Auswirkungen unter Berücksichtig des Einsatzes moderner sowie zukünftiger Anwendungen/Endgeräte mit Künstlicher Intelligenz. Hierzu werden diverse Anwendungen sowie deren Eigenschaften erläutert und kurz beschrieben, welche Auswirkungen dies auf den Alltag haben kann.

Die Schlussbetrachtung in Kapitel 4 schließt die Arbeit anhand einer Zusammenstellung der wichtigsten Erkenntnisse und der Beantwortung der Forschungsfrage ab.

2 Grundlagen

2.1 Künstliche Intelligenz

Als Künstliche Intelligenz wird ein Teilgebiet der Informatik bezeichnet, welches sich mit der Erforschung von Mechanismen des intelligenten menschlichen Verhaltens befasst. [9] Der amerikanische Informatiker John McCarthy erfand den Begriff „Künstliche Intelligenz", als er diesen im Jahr 1956 als Titel eines Projektantrags auf einer mehrwöchigen Konferenz im Dartmonth College in den USA nutzte.[10] Die Begriffe „Intelligenz" bzw. „intelligentes menschliches Verhalten" sind selbst noch nicht gut definiert sowie verstanden, weshalb die allgemeine Definition der KI darunter leidet.[11] Empirisch dient eine KI als Werkzeug, mit dessen Hilfe erhobene Theorien der Intelligenz getestet werden können.[12] Der Mathematiker Alan Turing stellte in seinem Aufsatz „Computing Machinery and Intelligence" die Frage, wie bewiesen werden könne, ob ein Programm intelligent sei.[13] Turing definiert Intelligenz nach der Reaktion eines intelligenten Wesens auf eine gestellte Frage.[14] Diese Reaktion kann durch den sogenannten Turing-Test festgestellt werden, wonach eine Testperson mittels einem Computerterminal mit zwei ihr unsichtbaren Parteien, einem Programm und einem Menschen, kommuniziert.[15] Das Programm wird als intelligent bezeichnet, sofern die Testperson nicht zwischen Mensch und Programm differenzieren kann.[16] Die bei der Kommunikation gestellten Fragen können dabei aus beliebigen Gebieten stammen, Eingrenzungen der Gebiete sind tendenziell möglich.[17] Eingrenzungen wären bei medizinischen Diagnosen oder auch bei Spielen (Schach, Dame) denkbar.[18]

---

[9] Vgl. Wichert, A. (o. J.), Künstliche Intelligenz, https://www.spektrum.de/lexikon/neurowissenschaft/kuenstliche-intelligenz/6810
[10] Vgl. Ebd.
[11] Vgl. Ebd.
[12] Vgl. Ebd.
[13] Vgl. Ebd.
[14] Vgl. Ebd.
[15] Vgl. Ebd.
[16] Vgl. Ebd.
[17] Vgl. Ebd.
[18] Vgl. Ebd.

Kategorisiert wird die KI nach zwei Ausprägungen: der starken bzw. der schwachen KI.[19] Menschliche Problemlösungskreativität, Emotion und Selbstbewusstsein wird bei der starken KI versucht abzubilden.[20] Auf die Lösung konkreter Anwendungsprobleme durch Simulation von Intelligenz mittels Einsatz von Methoden der Mathematik und Informatik fokussiert sich die schwache KI.[21] Die Künstliche Intelligenz erkennt dabei beispielsweise Gesetz- und Regelmäßigkeiten in den Daten und leitet daraus Aktionen und Konklusionen ab.[22] Demnach bildet die KI ein selbstlernendes System, welches das tierische oder menschliche Lernen zum Vorbild, also dem Aspekt tierischer oder Menschlicher Intelligenz.[23] Abweichungen können jedoch bewusst vorgenommen werden.[24] Der Begriff „Machine Learning" beschreibt dabei einen Computer der so zu programmieren ist, dass anhand von Erfahrungswerten aus der Vergangenheit oder Beispieldaten ein bestimmtes Leistungskriterium optimiert wird.[25] Zentrale Funktionen haben zudem Neuronale Netze, welche kognitive Phänomene simulieren beispielsweise durch die Nachahmung evolutionärer Prozesse, etwa durch genetische Algorithmen.[26] Demnach spielt Machine Learning eine immer wichtigere Rolle innerhalb der Disziplin Künstlicher Intelligenzen.[27]

---

[19] Felden, C. (2016), Künstliche Intelligenz, https://www.enzyklopaedie-der-wirtschaftsinformatik.de/wienzyklopaedie/lexikon/technologien-methoden/KI-und-Softcomputing/Kunstliche-Intelligenz/index.html
[20] Vgl. Ebd.
[21] Vgl. Ebd.
[22] Bendel, O. (2019), Machine Learning, https://wirtschaftslexikon.gabler.de/definition/machine-learning-120982/version-370915
[23] Vgl. Ebd.
[24] Vgl. Ebd.
[25] Vgl. Ebd.
[26] Vgl. Ebd.
[27] Vgl. Ebd.

2.2 Ubiquitäres Computing

Unter dem Begriff ubiquitäres Computing versteht sich die Nutzung vieler digitaler Endgeräte und Systeme, welche nahtlos und simultan in das Alltagsleben integriert werden
können.[28] Der Begriff wurde 1988 durch Mark Weiser anhand seiner Arbeit am Xerox
Palo Alto Research Center (PARC) geprägt und publiziert.[29] Somit verschwindet der
Computer durch seine Allgegenwärtigkeit aus der Wahrnehmung von Nutzern, wobei der
Fokus von einer expliziten hin zu einer Impliziten Nutzung der Informationstechnologie
wechselt.[30] ubiquitäres Computing ist die enge Kopplung von Alltagshandeln und Informationstechnologie eines interdisziplinären Forschungsbereichs und zählt unter anderem
zur Soziologie, (Wirtschafts-) Informatik, Sozial- und Wahrnehmungspsychologie.[31] Im
Fokus des ubiquitären Computing steht nicht die Entwicklung neuer Basistechnologien,
sondern die Kombination aus bereits bestehenden Technologien, welche sowohl im be-
trieblichen wie privaten Umfeld anwendbar sind.[32] Folgende Tabelle illustriert die vier
Oberklassen der Basistechnologien des ubiquitären Computing.

Basistechnologie	Beschreibung
Aktoren und Sensoren	Elektrische, mechanische und optische Aktoren sowie Sensoren kommen hier zum Einsatz. Aktoren erzeugen alles, was entweder vom Nutzer wahrgenommen oder gemessen werden kann. Sensoren hingegen, erfassen alles Messbare.
Auto-ID Systeme	Basierend auf RFID oder NFC Technologien spielen Auto-ID Systeme bereits im Bereich Supply-Chain- und Inventory-Management bereits eine wichtige Rolle.

---

[28] Vgl. Pipek, V. (2014), Ubiquitäres Computing, https://www.enzyklopaedie-der-
wirtschaftsinformatik.de/lexikon/technologien-methoden/Rechnernetz/Ubiquitous-Computing/index.html
[29] Vgl. Ebd.
[30] Vgl. Ebd.
[31] Vgl. Ebd.
[32] Vgl. Ebd.

	Hierbei ist die eindeutige Identifikation von einem oder mehrerer Objekte möglich, sofern diese mit Tags (Identifikationsmarken) versehen sind. Die Identifikation geschieht synchron, mit hoher Geschwindigkeit und ohne Sichtkontakt.
Positionierungssysteme	Eine wichtige Rolle spielt zudem die Lokalisierung. Verbreitete Systeme zur Positionsbestimmung sind GSM-, WLAN-Triangulation sowie GPS. Die Position kann aber auch durch relative Verfahren mittels Auto-ID Systemen bestimmt werden. Durch die Erfassung der Positionen können lokalisationsbasierte Dienste angeboten werden, welche ein wichtiges Element des Mobile Computing darstellen.
Drahtloskommunikation	Die Kommunikation der Nutzer und der Endgeräte untereinander sowie die Kommunikation der Endgeräte mit dem in die Nutzerumgebung eingebettetem Sensornetzwerk erlauben Drahtlosnetzwerke. Mittels Drahtlosnetzwerke ist eine ad-hoc Etablierung komplexer Netzwerke von Aktoren und Sensoren ohne eine aufwändige Verkabelung möglich. Dies bietet sowohl für Nutzer als auch für Endgeräte größtmögliche Mobilität. Zu den Drahtlostechnologien zählen: GPRS, Bluetooth, EDGE, UMTS, HSDPA, LTE und 802.11 (WLAN).

Tabelle 1: Basistechnologien des ubiquitären Computing[33]

Quelle: eigene Darstellung.

---

[33] In Anlehnung an: Pipek, V. (2014), Ubiquitäres Computing, https://www.enzyklopaedie-der-wirt-schaftsinformatik.de/lexikon/technologien-methoden/Rechnernetz/Ubiquitous-Computing/index.html

Neben der Logistik und dem Supply-Chain-Management zählen Smart Home und Smart Office, Wissensmanagement, Augmentation, Notfall- und Sicherheitsmanagement sowie Medizin und Entertainment zu den Anwendungsfelder des ubiquitären Computing.[34] Demnach sind parallelen mit dem Internet der Dinge zu ziehen, welches auf dem Konzept des ubiquitären Computing aufbaut, beliebige physische Gegenstände über ihre bestehende Funktion und Form hinaus durch mikroelektronische Komponenten zu erweitern.[35]

---

[34] Vgl. Pipek, V. (2014), Ubiquitäres Computing, https://www.enzyklopaedie-der-wirtschaftsinformatik.de/lexikon/technologien-methoden/Rechnernetz/Ubiquitous-Computing/index.html
[35] Vgl. Fleisch, E. / Thiesse, F. (2014), Ubiquitäres Computing, https://www.enzyklopaedie-der-wirtschaftsinformatik.de/lexikon/technologien-methoden/Rechnernetz/Internet/Internet-der-Dinge

3 Auswirkungen und Anwendungsbeispiele

Für aktuelle Anwendungsszenarien wird das ubiquitäre Computing bereits verwendet und wird auch für zukünftige Anwendungen Voraussetzung sein. Die Auswirkungen, welche damit einhergehen, werden in diesem Kapitel erläutert.

3.1 Aktuelle Anwendungen

3.1.1 Smartwatch

Bei einer Smartwatch handelt es sich um eine digitale, schlaue Armbanduhr, welche entweder über ein flaches, eckiges oder rundes Display verfügt.[36] Die Bedienung der Smartwatch ähnelt der des modernen Mobiltelefons und kann mit diesem, etwa über NFC oder Bluetooth verbunden werden. Sie verfügt über Sensoren zum messen des Pulses, zeigt Datum sowie die Uhrzeit an, kann Schritte zählen und vermittelt Informationen aller Art.[37] Mit einer Smartwatch können Wetter-, Flug- sowie Verkehrsmeldungen oder E-Mails und Nachrichten abgerufen werden.[38] Das Display der Smartwatch ist das zentrale Aus- bzw. Eingabegeräte über welches navigiert bzw. interagiert werden kann.[39] Daten der Umwelt sowie die des Trägers werden mittels Sensoren erfasst. Aktionen und Befehle werden von Aktoren umgesetzt.[40] Die Smartwatch kann zudem wie eine klassische Uhr (digitale oder analoge Anzeige) oder wie ein beliebiges Gadget aussehen.[41] Sie interagiert in erster Linie mit dem Mobiltelefon, dem Nutzer und mit anderen Systemen sowie Geräten und ist internetfähig.[42] Somit zählt die Smartwatch zum Bestandteil des Internets der Dinge und kann aus der Maschine-Mensch- bzw. Mensch-Maschine-Interaktion heraus beschrieben werden.[43]

---

[36] Vgl. Bendel, O. (2019), Smartwatch, https://wirtschaftslexikon.gabler.de/definition/smartwatch-54075/version-368819
[37] Vgl. Ebd.
[38] Vgl. Ebd.
[39] Vgl. Ebd.
[40] Vgl. Ebd.
[41] Vgl. Ebd.
[42] Vgl. Ebd.
[43] Vgl. Ebd.

3.1.2 Virtueller Assistent

Unter dem Begriff „virtueller Assistent" versteht sich ein Dialogsystem, welches Aufgaben der Nutzer für sie erledigt oder Anfragen beantwortet.[44] Der virtuelle Assistent ist ebenso auf modernen Mobiltelefonen zu finden wie in Fahrzeugen oder Unterhaltungsgeräten.[45] Die Interaktion erfolgt mittels der natürlichen Sprache, der virtuelle Assistent wendet diese auch selbst an.[46] Eine Verwandtschaft besteht zum Chatbot, bei gesprochener Sprache ist der Begriff „Sprachassistent" üblich. [47] Die bekanntesten Anwendungen für das Mobiltelefon sind beispielsweise Siri, Cortana sowie der Google Assistant.[48] Im Smart Home werden sie teils zur Bedienung von Diensten und Geräten eingesetzt. [49] Im Vergleich zu Chatbots können die virtuellen Assistenten nicht grafisch erweitert werden.[50] Die virtuellen Sprachassistenten sollen immer natürlicher werden, beispielsweise streut der Google Assistant „ähs" in seine Sätze oder Alexa auf Echo von Amazon beherrscht es zu Flüstern.[51]

3.1.3 Smart TV

Als „Smart TV" wird ein Fernseher bezeichnet, welcher sich in erster Linie durch seine Konnektivität und seine Intelligenz in Form von Rechenleistung auszeichnet.[52] Als Synonym wird auch der Begriff „Hybrid TV" verwendet.[53] Für die Kommunikation und Vernetzung nach außen steht meistens sowohl ein LAN sowie ein WLAN Anschluss zur Verfügung.[54] Neben den Schnittstellen zum Empfang des Tripple Tuner Signals sind weite Schnittstellen sinnvoll:

---

[44] Vgl. Bendel, O. (2018), Virtueller Assistent, https://wirtschaftslexikon.gabler.de/definition/virtueller-assistent-99509/version-325296
[45] Vgl. Ebd.
[46] Vgl. Ebd.
[47] Vgl. Ebd.
[48] Vgl. Ebd.
[49] Vgl. Ebd.
[50] Vgl. Ebd.
[51] Vgl. Ebd.
[52] Vgl. Klein, U. (2019), Smart TV, https://www.homeandsmart.de/was-ist-ein-smart-tv
[53] Vgl. Ebd.
[54] Vgl. Ebd.

- Bluetooth: Mittels dieser Option zur Konnektivität kann beispielsweise zur Steuerung des TVs eine Bluetooth Tastatur oder auch das Mobiltelefon als auch Kopfhörer verbunden werden oder

- USB: Festplatten oder USB Sticks können mittels dieser Schnittstelle mit dem Smart TV verbunden und genutzt werden.[55]

Zudem zeichnet sich ein Smart TV durch Funktionen aus, welche weit über das hinaus gehen, was ein traditioneller Fernseher bietet:

- Web-Browser: Mittels dieser Funktion ist es dem Nutzer möglich Web-Adresse wie an einem Computer aufrufen zu können,

- Sprachassistenten: Alexa, Siri Google Assistent oder Bixby sind mit dem Smart TV oft kompatibel wobei die Kommunikation mittels integrierten Mikrofons in der Fernbedienung realisiert ist,

- AirPlay: Exklusive Funktion zur Wiedergabe von Apple Geräten auf dem Smart TV,

- Mirror/Chrome Cast: diese Funktion bietet ein drahtloses Übertragungsformat, mit welchem der Nutzer Inhalte von kompatiblen Geräten auf den Smart TV projizieren kann[56]

Zudem zeichnet sich ein Smart TV durch unterschiedliche Auflösungen sowie Bildschirmdiagonalen aus.[57]

---

[55] Vgl. Klein, U. (2019), Smart TV, https://www.homeandsmart.de/was-ist-ein-smart-tv
[56] In Anlehnung an: Klein, U. (2019), Smart TV, https://www.homeandsmart.de/was-ist-ein-smart-tv
[57] Vgl. Klein, U. (2019), Smart TV, https://www.homeandsmart.de/was-ist-ein-smart-tv

3.2 Zukünftige Anwendungen

3.2.1 Smart Cloth

Als „Smart Cloth" wird ein Textil bezeichnet, welches mit Elektronik und Computertechnologie versehen ist.[58] Mit der Kleidung kann ein Mobiltelefon verbunden werden, ebenso unterschiedliche Wearables (Beispiel Smartwatch *Kapitel 3.1.1*).[59] Wie andere Wearables auch, verfügt ein Smart Cloth über die Funktion, Vitalfunktionen des Trägers zu sammeln, zu überprüfen und ggfs. den Aufenthaltsort zu bestimmen.[60] Smarte Handschuhe könnten Gefahrstoffe erkennen.[61] Andere, in die Kleidung integrierte, Sensoren könnten die Umgebung überwachen.[62] Ebenso wäre der Einsatz von Smart Clothes bei Motorradfahrern denkbar, worauf hin Sensoren bei zu starker Beschleunigung die, in die Kleidung integrierten, Air Bags auslösen.[63]

3.2.2 Smart Home

Der Begriff „Smart Home" sowie die Synonyme „Smart Living" und „Intelligent Home" beschreiben ein sensor- und informationstechnisches ausgestattetes Zuhause.[64] Bestrebt wird eine Verbesserung der Wohn- und Lebensqualität, Einbruchs- und Betriebssicherheit sowie der Energieeffizienz, welche sowohl ökologische und ökonomische Implikationen impliziert.[65] Zu Smart Home gehören beispielsweise automatisch gesteuerte Lüftungen, Heizungen, Fenster, Türen, Markisen, Jalousien sowie Lampen (Haus- und Gebäudeautomation) als auch manuell über mobile Geräte manipulier- und kontrollierbare Systeme.[66]

Kaum durchgesetzt haben sich Geräte der Haushaltsgeräteautomation (Kühlschrank, Kaffeemaschine), welche selbstständig eine Verknappung erkennen und automatisch eine

---

[58] Vgl. Bendel, O. (2019), Smart Clothes, https://wirtschaftslexikon.gabler.de/definition/smart-clothes-119091/version-368821
[59] Vgl. Ebd.
[60] Vgl. Ebd
[61] Vgl. Bendel, O. (2019), Smart Clothes, https://wirtschaftslexikon.gabler.de/definition/smart-clothes-119091/version-368821
[62] Vgl. Ebd.
[63] Vgl. WDR (2017), Motorradbekleidung, https://www.planet-wissen.de/gesellschaft/mode/high-tech_kleidung/pwiesmartclotheselektronikzumanziehen100.html
[64] Vgl. Bendel, O. (2019), Smart Home, https://wirtschaftslexikon.gabler.de/definition/smart-home-54137/version-368820
[65] Vgl. Ebd.
[66] Vgl. Ebd.

Bestellung auslösen.[67] Ebenso eine Waschmaschine kann die benötigte Wasserzufuhr selbstständig regeln ohne zwangsläuft mit anderen Geräten/Systemen vernetzt sein zu müssen.[68]

3.2.3 Weitere Anwendungen

Folgende Tabelle veranschaulicht weitere zukünftige Anwendungsgebiete in welcher KI unmittelbare Auswirkung auf unseren Alltag hat.

Anwendungsgebiet	Beschreibung
Big Data	Der Großteil heutiger Konzepte für Werbekampagnen basieren auf Nutzerdaten beispielsweise von Google Analytics.[69] Für die Basis gezielter Marketingmaßnahmen kann, durch den Einsatz zur Auswertung der Datenmenge von Künstlicher Intelligenz, ein strategisch relevanter Report erzeugt werden.[70] Demnach könnte zukünftige Werbung, anhand der Nutzerdaten, noch treffender ermittelt und dem Anwender offeriert werden.
Cyber Security	Sowohl zum Angriff als auch zur Verteidigung wird die Künstliche Intelligenz zunehmend in der Cyber Security eingesetzt.[71] Von einer KI werden durch Machine Learning Modelle so gestaltet, dass der Schutzmechanismus einen Fehler begeht.[72]

---

[67] Vgl. Bendel, O. (2019), Smart Home, https://wirtschaftslexikon.gabler.de/definition/smart-home-54137/version-368820
[68] Vgl. Ebd.

[69] Vgl. Graff, F. (2018), Big Data, https://www.wearesquared.de/blog/10-anwendungsbeispiele-fuer-kuenstliche-intelligenz-im-digitalen-marketing
[70] Vgl. Ebd.
[71] Vgl. Breuer, P. (2019), Künstliche Intelligenz, https://www.cio.de/a/10-ki-trends-von-mckinsey,3591982
[72] Vgl. Ebd.

	Folglich könnten in Zukunft Cyber Angriffe nicht mehr nur von Hackern begangen werden.
Medizin	Eine entscheidende Hilfe kann eine KI für Ärzte und das medizinische Personal sein.[73] Demnach unterstützt die KI bei der Auswertung von medizinischen Bildaufnahmen zur Diagnose von Hautkrebs - final entscheidet aber ein Mensch.[74] Folglich könnte zukünftig die Erstdiagnose durch eine KI getroffen werden.
Inhaltsempfehlung	Am Beispiel Netflix ist zu beobachten, dass Algorithmen genutzt werden, um Inhaltsempfehlungen basierend auf den Vorlieben des Nutzers zu erstellen.[75]
Logistikunternehmen	Um den komplexen Flexibilitätsanforderungen beim E-Commerce durch Kunden entsprechen zu können, könnte die Logistik bei der Disposition auf leichte, elektrische, mit einer KI-Steuerbox (autonome) ausgestattete Lieferfahrzeuge setzen.[76] Folglich könnte die KI ermitteln, welche Route die effizienteste (Zeit, Ressourcen) zur Disposition von Paketen darstellt, unter dem Vorbehalt, in Echtzeit schnell und effizient auf sich verändernde Lieferungsbestimmungen (Stornierung, Wunschzeit) reagieren zu können und so den Kunden adäquat bedienen zu können.

[73] Vgl. Bundesministerium für Bildung und Forschung (2019), Medizin, https://www.bmbf.de/de/was-ki-fuer-die-medizin-bedeutet-9177.html
[74] Vgl. Ebd.
[75] Vgl. Business Insider Deutschland, (2019), Inhaltsempfehlung, https://www.businessinsider.de/tech/netflix-amazon-prime-video-kuenstliche-intelligenz-ki-2019-8/
[76] Vgl. Pfeiffer, J. (2018), KI-fähig, https://www.konstruktionspraxis.vogel.de/deutsche-post-dhl-group-stattet-lieferfahrzeuge-mit-kuenstlicher-intelligenz-aus-a-674500/

Smart Metering	Der Begriff beschreibt das computergestützte Ermitteln, Messen und Steuern von Energieverbrauch und -zufuhr.[77] Dies kann für Unternehmen als auch Privathaushalte (Smart Home) von Bedeutung sein.[78] Smart-Metering-Systeme umfassen neben den intelligenten und vernetzten Zähler für Ressourcen und Energie (Wasser, Strom, Gas) über zusätzliche Ein- und Ausgabegeräte und Onlineanwendungen.[79] Die Daten werden hierbei an einen übergeordneten Messdienstleister weitergeleitet und der Nutzer kann erkennen, wann und wo wie viel Energie verbraucht wird.[80] Für den Nutzer hat dies den Vorteil einen minimalen Energieeinsatz sicherstellen zu können.[81]

Tabelle 2: Anwendungsgebiete KI

Quelle: eigene Darstellung.

---

[77] Vgl. Bendel, O. (2018), Smart Metering, https://wirtschaftslexikon.gabler.de/definition/smart-metering-53998/version-277057

[78] Vgl. Bendel, O. (2018), Smart Metering, https://wirtschaftslexikon.gabler.de/definition/smart-metering-53998/version-277057

[79] Vgl. Ebd.

[80] Vgl. Ebd.

[81] Vgl. Ebd.

3.3 Auswirkungen

Neben der vollständigen Digitalisierung illustriert die folgende Tabelle die Auswirkungen einer KI mittels Einsatzes neuer Endgeräte unter dem Aspekt des ubiquitären Computing auf unseren Alltag.

Auswirkung	Beschreibung
Datenschutz	Dieser Begriff beschreibt als Sammelbegriff die verschiedenen Gesetze zum Schutz des Individuums angeordneter Rechtnomen, welche in einer zunehmend automatisierten und digitalisierten Welt die Privatsphäre durch den unberechtigten Zugriff von außen (Staat, Private) schützen soll.[82] Dies inkludiert neben dem Umgang mit Computern und dem Internet (Trojaner, Viren, Hacking) auch alltägliche Situationen wie die Überwachung durch Kameras.[83]
Gesundheit	Unter dem Aspekt des ubiquitären Computing ist der Nutzer, sofern er Wearables beispielsweise für die Herzfrequenzüberwachung trägt, dauerhaft dem Elektrosmog ausgesetzt.[84] Bei elektrosensiblen Nutzern kann sich dies Nachteilig auf den Schlaf auswirken oder auch Kopfschmerzen verursachen.[85]
Informationsethik	Sie beschreibt die Moral der Informationsgesellschaft und untersucht wie sich deren Teilnehmer aus moralischer Sicht verhalten sollten.[86]

---

[82] Vgl Berwanger, J. / Lackes, R. u.a. (2018), Datenschutz, https://wirtschaftslexikon.gabler.de/definition/datenschutz-28043/version-251682
[83] Vgl. Ebd.
[84] Vgl. WDR (2018), Elektrosmog, https://www.planet-wissen.de/technik/energie/elektrosmog_unsichtbare_bedrohung/index.html
[85] Vgl. Ebd.
[86] Bendel, O. (2018), Informationsethik, https://wirtschaftslexikon.gabler.de/definition/informationsethik-53486/version-276573

	Dies berücksichtigt unter sittlichen Aspekten ebenso weniger technikaffine Teilnehmer.[87] Für den Nutzer wird dies bei Verlust der informationellen Autonomie sowie bei Verletzung des Datenschutzes problematisch.
Technikethik	Der Begriff bezieht sich auf die moralische Frage des Technologie- und Technikeinsatzes.[88] Demnach wäre moralisch zu hinterfragen, ob Mikrophone verbaut werden sollen, obwohl eine Sprachsteuerung der Anwendung durch den Nutzer nicht gegeben ist.
Wirtschaftsethik	Sie befasst sich mit der Frage, unter welchen Bedingungen der modernen Wirtschaft moralische Ideale und Normen zur Geltung gebracht werden können.[89] Folglich ist zu bewerten, welche Moral gilt, wenn der Nutzer anhand einer Anwendung zur Gewinnmaximierung des Anbieters beiträgt.

Tabelle 3: Aspekte verschiedener Auswirkungen

Quelle: Eigene Darstellung:

---

[87] Vgl. Bendel, O. (2018), Informationsethik, https://wirtschaftslexikon.gabler.de/definition/informations-ethik-53486/version-276573
[88] Vgl. Bendel, O. (2018), Technikethik, https://wirtschaftslexikon.gabler.de/definition/technikethik-53883/version-276945
[89] Vgl. Lin-Hi, N. / Suchanek, A. (2018), Wirtschaftsethik, https://wirtschaftslexikon.gabler.de/definition/wirtschaftsethik-48644/version-271895

4 Schlussbetrachtung

Das ziel der wissenschaftlichen Arbeit war zu beschreiben, welche Auswirkungen einer KI mittels Einsatzes neuer Endgeräte unter dem Aspekt des ubiquitären Computing auf unseren Alltag hat. Hierzu sind die Grundlagen in *Kapitel 2* erläutert worden.

Für künftige Anwendungen wäre zudem eine Kollaboration der, in *Kapitel 3.1.1* erläuterten, Anwendung „Smartwatch" mit der, in *Kapitel 3.2.2* erläuterten, Anwendung „Smart Home" denkbar. Durch die Daten, welche von der Smartwatch gesammelt werden, könnte durch eine KI ermittelt werden, in welchem Gemütszustand sich der Nutzer befindet und in Folge dessen, Anweisungen an das Haus erteilen. Sofern das Haus und dessen Geräte voll vernetzt sind, könnte die Smartwatch beispielsweise, wenn der Nutzer schlecht geschlafen hat die Kaffeemaschine anweisen, einen stärkeren Kaffee zu kochen, sobald der Nutzer aufgestanden ist. Hatte der Nutzer einen stressigen Tag, könnte die Uhr das Haus bzw. die Hi-Fi Geräte bei Ankunft des Nutzers anweisen, ruhige und entspannende Musik zu spielen. In Zusammenspiel mit dem Auto, könnte eine Kollaborierende Anwendung ermitteln, welche Route der Nutzer wählen soll, um sowohl effizient in Kraftstoffverbrauch und Zeit das gewünscht Ziel zu erreichen. Des Weiteren könnte anhand der Bestimmung, wann der Nutzer Zuhause ist, die KI bestimmen, ob der autonome Saugroboter putzen oder an einem schönen Tag, der Mähroboter noch den Rasen mähen soll um den Nutzer sein Zuhause so komfortabel wie möglich präsentieren zu können. Zur optimalen Regulierung des Sauerstoff- sowie Feuchtigkeitsgehalts der Luft im Heim, könnte die KI ermitteln, wann es nötig ist zu Lüften und eigenständig die Fenster öffen und schließen. In Anbetracht dessen, bringt die KI unter dem Aspekt des ubiquitären Computing durchaus Verbesserungen für den Nutzer in Bezug auf Lebensqualität mit sich. Dabei dürfen aber nicht die Auswirkungen, erläutert in *Kapitel 3.3*, außen vorgelassen werden. Durch das ubiquitäre Computing sammeln die Endgeräte pausenlos Daten wodurch der Nutzer „gläsern" wird und beispielsweise Gesundheits-, Gewohnheits- und auch Kontodaten digitalisiert und beim Anbieter der Anwendung gespeichert werden.

Demnach kann eine KI mittels Einsatzes neuer Endgeräte unter dem Aspekt des ubiquitären Computing durchaus Verbesserungen mit sich bringen. Ob ein Nutzer dies in Folge der vollständigen Digitalisierung und Datensammlung möchte, obliegt ihm.

Literaturverzeichnis

Internetquellen

Bendel, Oliver (2018): Informationsethik, https://wirtschaftslexikon.gabler.de/definition/informationsethik-53486/version-276573, Abruf am: 02.01.2020

Bendel, Oliver (2019): Machine Learning, https://wirtschaftslexikon.gabler.de/definition/machine-learning-120982/version-370915, Abruf am: 29.12.2019

Bendel, Oliver (2019): Smart Clothes, https://wirtschaftslexikon.gabler.de/definition/smart-clothes-119091/version-368821, Abruf am: 30.12.2019

Bendel, Oliver (2019): Smart Home, https://wirtschaftslexikon.gabler.de/definition/smart-home-54137/version-368820, Abruf am: 02.01.2020

Bendel, Oliver (2018): Smart Metering, https://wirtschaftslexikon.gabler.de/definition/smart-metering-53998/version-277057, Abruf am: 02.01.2020

Bendel, Oliver (2019): Smartwatch, https://wirtschaftslexikon.gabler.de/definition/smartwatch-54075/version-368819, Abruf am: 02.01.2020

Bendel, Oliver (2018): Technikethik, https://wirtschaftslexikon.gabler.de/definition/technikethik-53883/version-276945, Abruf am: 03.01.2020

Bendel, Oliver (2018): Virtueller Assistent, https://wirtschaftslexikon.gabler.de/definition/virtueller-assistent-99509/version-325296, Abruf am: 03.01.2020

Berwanger, J. / Lackes, R. u.a. (2018), Datenschutz, https://wirtschaftslexikon.gabler.de/definition/datenschutz-28043/version-251682, Abruf am: 02.01.2020

Breuer, P. (2019), Künstliche Intelligenz, https://www.cio.de/a/10-ki-trends-von-mckinsey,3591982, Abruf am: 30.12.2019

Bundesministerium für Bildung und Forschung (2019), Künstliche Intelligenz, https://www.bmbf.de/de/kuenstliche-intelligenz-5965.html, Abruf am: 27.12.2019

Bundesministerium für Bildung und Forschung (2019), Medizin, https://www.bmbf.de/de/was-ki-fuer-die-medizin-bedeutet-9177.html, Abruf am: 28.12.2019

Business Insider Deutschland, (2019), Inhaltsempfehlung, https://www.businessinsider.de/tech/netflix-amazon-prime-video-kuenstliche-intelligenz-ki-2019-8/, Abruf am: 30.12.2019

Felden, Carsten (2016), Künstliche Intelligenz, https://www.enzyklopaedie-der-wirtschaftsinformatik.de/wi-enzyklopaedie/lexikon/technologien-methoden/KI-und-Softcomputing/Kunstliche-Intelligenz/index.html, Abruf am: 20.12.2019

Fleisch, Elgar / Thiesse, Frédéric (2014), Internet der Dinge, https://www.enzyklopaedie-der-wirtschaftsinformatik.de/lexikon/technologien-methoden/Rechnernetz/Internet/Internet-der-Dinge, Abruf am: 05.01.2020

Graff, Franca (2018), Big Data, https://www.wearesquared.de/blog/10-anwendungsbeispiele-fuer-kuenstliche-intelligenz-im-digitalen-marketing, 03.01.2020

Klein, Ulrich (2019), Smart TV, https://www.homeandsmart.de/was-ist-ein-smart-tv, Abruf am 05.01.2020

Lin-Hi, Nick / Suchanek, Andreas (2018), Wirtschaftsethik, https://wirtschaftslexikon.gabler.de/definition/wirtschaftsethik-48644/version-271895, Abruf am 29.12.2019

Pfeiffer, Juliana (2018), KI-fähig, https://www.konstruktionspraxis.vogel.de/deutsche-post-dhl-group-stattet-lieferfahrzeuge-mit-kuenstlicher-intelligenz-aus-a-674500/, Abruf am 04.01.2020

Pipek, Volkmar (2014), Ubiquitäres Computing, https://www.enzyklopaedie-der-wirtschaftsinformatik.de/lexikon/technologien-methoden/Rechnernetz/Ubiquitous-Computing/index.html, Abruf am 30.12.2019

WDR (2018), Elektrosmog, https://www.planet-wissen.de/technik/energie/elektrosmog_unsichtbare_bedrohung/index.html, Abruf am 03.01.2020

WDR (2017), Motorradbekleidung, https://www.planet-wissen.de/gesell-schaft/mode/hightech_kleidung/pwiesmartclotheselektronikzumanziehen100.html, Abruf am 02.01.2020

Wichert, A. (o. J.), Künstliche Intelligenz, https://www.spektrum.de/lexikon/neurowis-senschaft/kuenstliche-intelligenz/6810, Abruf am 21.12.2019

BEI GRIN MACHT SICH IHR WISSEN BEZAHLT

- Wir veröffentlichen Ihre Hausarbeit,
  Bachelor- und Masterarbeit

- Ihr eigenes eBook und Buch -
  weltweit in allen wichtigen Shops

- Verdienen Sie an jedem Verkauf

Jetzt bei www.GRIN.com hochladen und kostenlos publizieren